Am Schlusse des Bändchens befindet sich ein ausführliches Verzeichnis der

Guttentagschen Sammlung

Deutscher Reichs- und Preußischer Gesetze

— Textausgaben mit Anmerkungen; Taschenformat —

die alle wichtigeren Gesetze in unbedingt zuverlässigem Abdruck und mit mustergültiger Erläuterung wiedergibt.

Guttentagsche Sammlung
von
Textausgaben ohne Anmerkungen mit Sachregister.

Kriegsgewinnsteuer.

Gesetze zur Besteuerung der Kriegsgewinne nebst amtlicher Begründung und Auszug aus den Verhandlungen der Reichstagskommission.

Berlin 1916.
J. Guttentag, Verlagsbuchhandlung,
G. m. b. H.

Druck von Otto Walter, Berlin S 14.

Inhaltsverzeichnis.

Die für später über die Kriegsgewinnbesteuerung in Aussicht stehenden Gesetze werden als Ergänzung seinerzeit veröffentlicht. Ein Sachregister wird dann am Schluß beigegeben werden.

I. und II.

Gesetz über vorbereitende Maßnahmen zur Besteuerung der Kriegsgewinne

und

Gesetz über die Kriegsabgaben der Reichsbank.

I.

Gesetz

über vorbereitende Maßnahmen zur Besteuerung der Kriegsgewinne.

Vom 24. Dezember 1915.

(Reichs-Gesetzbl. S. 837—840.)

Wir Wilhelm von Gottes Gnaden Deutscher Kaiser, König von Preußen usw. verordnen im Namen des Reichs, nach erfolgter Zustimmung des Bundesrats und des Reichstags, was folgt:

§ 1.

Aktiengesellschaften, Kommanditgesellschaften auf Aktien, Berggewerkschaften und andere Bergbau treibende Vereinigungen, letztere, sofern sie die Rechte juristischer Personen haben, Gesellschaften mit beschränkter Haftung und eingetragene Genossenschaften, die im Deutschen Reiche ihren Sitz haben, sind verpflichtet, fünfzig vom Hundert des in einem Kriegsgeschäftsjahr erzielten Mehrgewinns (§ 4) in eine zu bildende Sonderrücklage einzustellen.

Ist der Gewinn aus einem beim Inkrafttreten dieses Gesetzes abgelaufenen Kriegsgeschäftsjahre bereits verteilt, so sind etwaige freiwillige Rückstellungen dieses Jahres bis zum Betrage von fünfzig vom Hundert des Mehrgewinns der Sonderrücklage zuzuführen. Sind freiwillige Rückstellungen nicht gemacht worden oder erreichen sie diese Höhe nicht, so ist ein Betrag von fünfzig vom Hundert des Mehrgewinns oder der noch fehlende Betrag aus dem Mehrgewinne der nächsten Kriegsgeschäftsjahre jedesmal vorweg zu entnehmen und der Sonderrücklage zuzuführen. Außerdem ist daneben die Hälfte des restlichen Mehrgewinns in die Sonderrücklage einzustellen. Rücklagen für Wohlfahrtszwecke sind nicht als freiwillige Rückstellungen im Sinne dieser Vorschrift anzusehen.

Im Falle des Abs. 2 dürfen Gewinnbeträge, die zu ausschließlich gemeinnützigen Zwecken bestimmt worden sind und deren dauernde Verwendung zu solchen Zwecken gesichert ist, von dem Geschäftsgewinne des beim Inkrafttreten dieses Gesetzes abgelaufenen Kriegsgeschäftsjahrs abgesetzt werden.

§ 2.

Als Kriegsgeschäftsjahre im Sinne dieses Gesetzes gelten die drei aufeinanderfolgenden Geschäftsjahre, deren erstes noch den Monat August 1914 mitumfaßt oder bei einer später gegründeten Gesellschaft mitumfassen würde, wenn sie damals schon bestanden hätte.

§ 3.

Geschäftsgewinn im Sinne dieses Gesetzes ist der in einem Geschäftsjahr erzielte, nach den gesetzlichen Vorschriften und den Grundsätzen ordnungsmäßiger kaufmännischer Buchführung berechnete Bilanzgewinn. Abschreibungen sind insoweit zu berücksichtigen, als sie einen angemessenen Ausgleich der Wertverminderung darstellen.

§ 4.

Als Mehrgewinn im Sinne dieses Gesetzes gilt der Unterschied zwischen dem durchschnittlichen früheren Geschäftsgewinn

(§ 5) und dem jeweils in einem Kriegsgeschäftsjahr erzielten Geschäftsgewinne.

Die Unterschiedsbeträge werden auf volle Tausende nach unten abgerundet. Beträge unter fünftausend Mark bleiben außer Betracht.

§ 5.

Der durchschnittliche frühere Geschäftsgewinn (§ 4) ist nach den Ergebnissen der fünf den Kriegsgeschäftsjahren vorangegangenen Geschäftsjahre oder, wenn eine Gesellschaft noch nicht so lange besteht, nach den Ergebnissen der kürzeren Zeit, für welche Jahresabschlüsse vorliegen, zu berechnen. Besteht eine Gesellschaft schon fünf Jahre, so haben für die Berechnung des Durchschnittsgewinns die beiden Geschäftsjahre mit den besten und den schlechtesten Geschäftsergebnissen auszuscheiden.

Hat innerhalb der fünf den Kriegsgeschäftsjahren vorangegangenen Geschäftsjahre eine Vermehrung des eingezahlten Grund- oder Stammkapitals stattgefunden, so wird dem Geschäftsgewinne für die vor der Vermehrung liegende Zeit ein Betrag von fünf vom Hundert jährlich des der Gesellschaft durch die Neueinzahlungen tatsächlich zugeflossenen Kapitalbetrags zugerechnet.

Als früherer Durchschnittsgewinn wird mindestens ein Betrag von fünf vom Hundert des eingezahlten Grund- oder Stammkapitals angenommen zuzüglich des Mehrbetrags, der zur Verteilung einer etwaigen höheren festen Vorzugsdividende für bevorrechtigte Aktien notwendig gewesen wäre. Das Grundkapital einer Berggewerkschaft oder einer Bergbau treibenden Vereinigung ist aus dem Erwerbspreis und den Anlage- und Erweiterungskosten abzüglich des durch Schuldaufnahme gedeckten Aufwandes hierfür zu berechnen. An Stelle des Grundkapitals tritt bei eingetragenen Genossenschaften die Summe der eingezahlten Geschäftsanteile der Genossen.

Der im Abs. 3 vorgesehene Betrag wird als Mindestbetrag auch zugrunde gelegt, wenn ein volles Geschäftsjahr vor den Kriegsgeschäftsjahren nicht vorliegt. In diesem Falle werden jedoch für Aktien oder Anteile, die zu einem den Nennwert übersteigenden Preise ausgegeben worden sind, die fünf Hundertstel von dem Kapitale berechnet, das der Gesellschaft als Einzahlung auf ihre Aktien oder Anteile tatsächlich zugeflossen ist.

Hat sich das eingezahlte Grund- oder Stammkapital einer Gesellschaft während der Kriegsgeschäftsjahre vermehrt, so ist für die Zeit nach der Vermehrung dem durchschnittlichen früheren Geschäftsgewinn ein Betrag von fünf vom Hundert jährlich des der Gesellschaft durch die Neueinzahlungen tatsächlich zugeflossenen Kapitalbetrags hinzuzurechnen.

§ 6.

Gesellschaften der im § 1 bezeichneten Art, die ihren Sitz im Ausland haben, aber im Inland einen Geschäftsbetrieb unterhalten, sind gleichfalls zur Bildung einer Sonderrücklage verpflichtet. Die Pflicht beschränkt sich auf den Mehrgewinn, der auf den inländischen Geschäftsbetrieb entfällt. Die Grundsätze, die bei einer bundesstaatlichen Einkommensteuerveranlagung für die Ausscheidung des auf den inländischen Geschäftsbetrieb entfallenden Teiles des steuerbaren Gesamteinkommens maßgebend waren, sind auch bei der Berechnung des auf den inländischen Betrieb entfallenden Teiles des Mehrgewinns anzuwenden. Wo eine Einkommensteuer nicht eingeführt ist, hat die Landesregierung entsprechende Vorschriften zu erlassen.

Die Ausführung der durch dieses Gesetz begründeten Verpflichtungen liegt den Vorstehern der inländischen Niederlassungen ob.

§ 7.

Von der Verpflichtung zur Bildung einer Sonderrücklage befreit sind inländische Gesellschaften, die nach der Entscheidung des Bundesrats ausschließlich gemeinnützigen Zwecken dienen.

§ 8.

Die Sonderrücklage ist der freien Verfügung der Gesellschaften entzogen, getrennt von dem sonstigen Vermögen zu verwalten und in Schuldverschreibungen des Deutschen Reichs oder eines Bundesstaats anzulegen. Die Verwahrung und Verwaltung erfolgt, auch bei ausländischen Gesellschaften, im Inland.

Der Reichskanzler kann Ausnahmen von den Vorschriften des Abs. 1 bewilligen.

Die Zinsen der Sonderrücklage fließen den sonstigen Einnahmen zu.

Bleibt der Geschäftsgewinn eines Kriegsgeschäftsjahrs hinter dem durchschnittlichen früheren Geschäftsgewinne (§ 5) zurück, so ist die Gesellschaft berechtigt, aus der Sonderrücklage den Betrag zu entnehmen, um den etwa die Sonderrücklage die Hälfte des im Gesamtergebnisse der abgelaufenen Kriegsgeschäftsjahre erzielten Mehrgewinns übersteigt.

Die Sonderrücklage ist auch im Falle der Auflösung einer Gesellschaft der freien Verfügung der Liquidatoren so lange entzogen, als nicht durch das künftige Gesetz über die Besteuerung der Kriegsgewinne über ihre Verwendung Bestimmung getroffen ist.

§ 9.

Die Mitglieder des Vorstandes, persönlich haftenden Gesellschafter, Repräsentanten, Geschäftsführer oder Liquidatoren der pflichtigen Gesellschaften (§ 1), bei ausländischen Gesellschaften die Vorsteher der inländischen Niederlassungen (§ 6), die den Vorschriften dieses Gesetzes über die Bildung oder Verwaltung der Sonderrücklage vorsätzlich oder fahrlässig zuwiderhandeln und dadurch die Erhebung der Kriegsgewinnsteuer gefährden, werden mit Geldstrafe bis zu dreißigtausend Mark bestraft.

Sie haften für den Schaden, der durch ihr Verschulden dem Fiskus aus der Nichterfüllung der durch dieses Gesetz begründeten Verpflichtungen erwächst; sind für den Schaden mehrere verantwortlich, so haften sie als Gesamtschuldner.

§ 10.

Der Bundesrat ist ermächtigt, die Vorschriften dieses Gesetzes auf andere als die im § 1 bezeichneten juristischen Personen auszudehnen.

Er ist ferner befugt, Ausführungsbestimmungen zu erlassen und Zuwiderhandlungen mit Geldstrafe bis zu eintausendfünfhundert Mark zu bedrohen.

§ 11.

Dieses Gesetz tritt am Tage seiner Verkündung in Kraft.

Urkundlich unter Unserer Höchsteigenhändigen Unterschrift und beigedrucktem Kaiserlichen Insiegel.

Gegeben Großes Hauptquartier, den 24. Dezember 1915.

Wilhelm.

(L. S.) von Bethmann Hollweg.

Amtliche Begründung.

(Reichst.-Drucks. II. Sess. 1914/15 Nr. 149 S. 5 ff.)

Der bald nach Kriegsausbruch aufgetauchte Gedanke einer ausgiebigen Besteuerung der „Kriegsgewinne" ist heute in Deutschland Gemeingut aller Volkskreise. Zwingende Erwägungen sozialethischer und finanzieller Natur liegen ihm zugrunde. Seine Verwirklichung ist eine Aufgabe, der sich die Gesetzgebung nicht entziehen darf.

Die Besteuerung der Kriegsgewinne läßt sich im Reiche, das als hauptsächlichster Träger der finanziellen Kriegslasten auch vorab Anspruch auf diese Einnahmequelle hat, am besten und zweckmäßigsten in Anlehnung an das Besitzsteuer- (Vermögenszuwachssteuer-) Gesetz vom 3. Juli 1913 durchführen. Auf diese Weise werden nicht nur die Gewinne aus unmittelbaren und mittelbaren Kriegslieferungen sowie die mit einer sonstigen durch den Krieg geschaffenen günstigen Konjunktur zusammenhängenden Gewinne getroffen, sondern es wird auch darüber hinaus die Forderung verwirklicht, daß jeder, der in dieser die Vermögensverhältnisse des weitaus größten Teils des deutschen Volkes beeinträchtigenden Kriegszeit in der Lage ist, sein Vermögen zu vermehren, einen ansehnlichen Teil dieses Zuwachses dem Vaterlande zu opfern verpflichtet ist.

Die in Aussicht genommene Kriegsgewinnsteuer oder Kriegsvermögenszuwachssteuer wird auf der vorbezeichneten Grundlage den in der Zeit vom 1. Januar 1914 bis 31. Dezember 1916 entstandenen Vermögenszuwachs erfassen, soweit dieser nicht aus Erbschaften und diesen gleichzustellenden Erwerbsfällen oder aus der bloßen Umwandlung nichtsteuerbaren Vermögens in steuerbares Vermögen herrührt.

Daneben werden auch die Veränderungen in den Einkommensverhältnissen des Steuerpflichtigen während des Krieges in der

Weise zu berücksichtigen sein, daß der Teil des abgabepflichtigen Vermögenszuwachses, dem ein bestimmtes Mehreinkommen gegenübersteht, mit einem erhöhten Abgabensatz belegt wird.

Eine grundsätzliche Abweichung vom Besitzsteuergesetze wird sich sodann aus der Notwendigkeit ergeben, die Abgabepflicht auf juristische Personen auszudehnen. Gerade mit den in der Öffentlichkeit bekanntgewordenen hohen Gewinnen, die einzelne Gesellschaften erzielt haben, ist immer wieder die Forderung einer Kriegsgewinnsteuer begründet worden. Bei Freilassung der Aktiengesellschaften und anderer Erwerbsgesellschaften würde auch ein nicht unbeträchtlicher Teil der mit der Kriegskonjunktur zusammenhängenden Gewinne der geplanten Steuer ganz entgehen, sei es, weil sie ausländischen Gesellschaftern zufließen, sei es, weil der inländische Gesellschafter keinen Vermögenszuwachs in abgabepflichtiger Höhe haben wird.

Der Kreis der steuerpflichtigen juristischen Personen wird für die Kriegsgewinnbesteuerung auch weiter gezogen werden müssen, als dies im Wehrbeitraggesetze geschehen ist. Mit dem in Deutschland bestehenden System der Besteuerung juristischer Personen steht es in Einklang und in dem Grundgedanken der Kriegsgewinnbesteuerung ist es innerlich gerechtfertigt, wenn möglichst alle Erwerbszwecke verfolgenden Gesellschaften ohne Rücksicht auf ihre Form der Steuer unterworfen werden.

Eine angemessene Besteuerung der Erwerbsgesellschaften begegnet freilich erheblichen Schwierigkeiten. Während bei natürlichen Personen der Einkommensüberschuß regelmäßig zur Vermögensbildung dient, finden die Gewinne der Gesellschaften nicht in der Vermögensansammlung, sondern in der Verteilung an die Gesellschafter ihre bestimmungsgemäße Verwendung. Eine gerechte und gleichmäßige Besteuerung der Gesellschaften kann deshalb nicht ohne weitere Maßnahmen an den Vermögenszuwachs anknüpfen; denn abgesehen davon, daß eine solche Steuer nur ganz geringe Erträge bringen würde, wäre es sonst wesentlich in das Belieben einer Gesellschaft gestellt, in welchem

Maße sie sich durch mehr oder weniger große Rückstellungen der Steuer unterwerfen wollte oder nicht.

Dazu kommt, daß durchschlagende Gründe dafür sprechen, die Veranlagung und Erhebung der Steuer erst nach Abschluß des Krieges vorzunehmen. Wenn jedoch auch mit Maßnahmen wegen Heranziehung der juristischen Personen so lange zugewartet werden sollte, so wäre damit zu rechnen, daß durch eine Verteilung der Gewinne an die Gesellschafter deren spätere steuerliche Erfassung, wenn nicht vereitelt, so doch wesentlich erschwert wird.

Die Heranziehung der juristischen Personen zur Kriegsgewinnsteuer muß hiernach jetzt schon zumindest durch gewisse vorbereitende Maßnahmen sichergestellt werden.

Der vorliegende Gesetzentwurf sucht diesen Zweck zu erreichen, indem er vorschreibt, daß die für die Kriegsgewinnbesteuerung in Betracht kommenden Gesellschaften einen angemessenen Bruchteil ihrer Kriegsgewinne von der Ausschüttung an die Mitglieder ausschließen und für die künftige Kriegsgewinnbesteuerung zu einer besonderen Rücklage ansammeln sollen. Das Ziel, das damit dem Entwurfe vorschwebt, ist ein doppeltes.

Erstens will er verhüten, daß sich diese Gewinne verflüchtigen und sich dem steuerlichen Zugriff ganz oder zum Teil entziehen. Es soll vielmehr ihre steuerliche Erfassung bei dem ursprünglichen Träger der Gewinne sichergestellt werden.

Zweitens soll die Voraussetzung geschaffen werden, welche eine Durchführung der Steuer in ähnlicher Weise, wie sie für die natürlichen Personen beabsichtigt ist, nämlich in der Form der Vermögenszuwachsbesteuerung, gewährleistet.

Im einzelnen ist zu bemerken:

Zu § 1, § 8 Abs. 4, § 10 des Entwurfs.

I. Wie bereits hervorgehoben, erscheint es gerechtfertigt, für die Kriegsgewinnbesteuerung die Abgabepflicht tunlichst auf alle Erwerbsgesellschaften auszudehnen, bei denen die Möglichkeit der Erzielung höherer Gewinne während der Kriegszeit vorliegt. Für alle Gesellschaften, deren Abgabepflicht für die Kriegsgewinnbesteuerung in Aussicht genommen ist, ergibt sich damit die Notwendigkeit vorbereitender Maßnahmen. Als pflichtige Gesellschaften sieht der Entwurf vor Aktiengesellschaften, Kommanditgesellschaften auf Aktien, Berggewerkschaften und andere Bergbau treibende Vereinigungen, letztere sofern sie die Rechte juristischer Personen haben, Gesellschaften mit beschränkter Haftung und eingetragene Genossenschaften.

§ 1 des Entwurfs handelt zunächst von den inländischen Gesellschaften, wogegen § 6 des Entwurfs eine auf die Mehrgewinne des inländischen Geschäftsbetriebs beschränkte Verpflichtung der ausländischen Gesellschaften feststellt. Darüber, ob eine Gesellschaft als inländische oder als ausländische anzusehen ist, entscheidet ihr Sitz im bürgerlich-rechtlichen (handelsrechtlichen) Sinne. Bei inländischen Gesellschaften sind auch die Gewinne ausländischer Niederlassungen mitzuberücksichtigen.

Den Kreis der Pflichtigen auf weitere Arten von juristischen Personen allgemein auszudehnen, erscheint nicht veranlaßt. § 10 Abs. 1 des Entwurfs sieht aber die Ermächtigung des Bundesrats vor, auch noch andere juristische Personen den Vorschriften dieses Gesetzes zu unterstellen.

Zu den unter dieses Gesetz fallenden juristischen Personen gehört die Reichsbank nicht. Die Kriegsabgaben der Reichsbank an das Reich sind Gegenstand einer besonderen Gesetzesvorlage.

II. Alle Gesellschaften der im § 1 bezeichneten Art, die während der Kriegszeit Mehrgewinne erzielt haben, sollen zur Bildung einer Sonderrücklage verpflichtet sein.

Mehrgewinn ist nach § 4 des Entwurfs der Betrag, um den der Geschäftsgewinn (§ 3 des Entwurfs) eines Kriegsgeschäftsjahrs (§ 2 des Entwurfs) den durchschnittlichen früheren Geschäftsgewinn oder einen gewissen Mindestgewinn (§ 5 des Entwurfs) übersteigt.

Die Hälfte dieses Mehrgewinns soll nach § 1 Abs. 1 des Entwurfs der Verteilung an die Aktionäre usw. entzogen und zur Bildung einer Sonderrücklage verwendet werden. Die hiernach vorgeschriebene Vermögensansammlung soll demnächst die Durchführung der Kriegsgewinnsteuer auch für die Gesellschaften auf der formalen Grundlage einer Besteuerung des Vermögenszuwachses ermöglichen.

III. Die Ausführung der durch dieses Gesetz begründeten Verpflichtungen ist zunächst Sache der berufenen Vertreter der pflichtigen Gesellschaften. Insbesondere ist vorläufig eine behördliche Feststellung der Mehrgewinne — abgesehen etwa von einem Strafverfahren auf Grund der Strafvorschrift des § 9 des Entwurfs — nicht vorgesehen. Eine alsbaldige behördliche Mitwirkung bei Ausführung des lediglich vorbereitende Maßnahmen bezweckenden Gesetzes erscheint auch nicht erforderlich. Dagegen wird in dem späteren Steuergesetze selbst den Veranlagungsbehörden die Befugnis zuzuerkennen sein, bei der Veranlagung der Kriegsgewinnsteuer zu prüfen, ob die Sonderrücklage auch den Vorschriften dieses Gesetzes entsprechend angesammelt worden ist.

Ebenso bleibt die endgültige Ausgestaltung der Steuer im einzelnen, insbesondere die Höhe der Steuersätze der Regelung durch das Steuergesetz vorbehalten.

IV. Der Abs. 2 des § 1 bezieht sich auf die Fälle, in denen über den Gewinn eines abgelaufenen Kriegsgeschäftsjahrs bereits verfügt ist. Es wird sich hier nur um ein einziges Kriegsgeschäftsjahr handeln, so daß allgemein noch die Abschlüsse zweier Kriegsgeschäftsjahre nach dem Inkrafttreten dieses Gesetzes zu erwarten sein werden. Ein Rückgriff auf das erste Kriegsgeschäftsjahr ist durchaus begründet, auch wenn der Gewinn dieses Geschäftsjahrs bereits verteilt ist. Viele Gesellschaften — und gerade gut geleitete, eine gesunde Dividendenpolitik befolgende Gesellschaften — haben erhebliche Rückstellungen gemacht. Diese Rückstellungen bei der späteren Besteuerung unberücksichtigt zu lassen, liegt kein Grund vor. Es würde eine ungerechtfertigte Bevorzugung der Gesellschaften bedeuten, die bei der Dividendenausschüttung weniger Zurückhaltung geübt haben, wenn man es bei der Erfassung der freiwilligen Rückstellungen bewenden ließe. Deshalb schreibt der Entwurf für diese Fälle vor, daß freiwillige Rückstellungen bis zur Höhe von 50 vom Hundert des Mehrgewinns eines solchen abgelaufenen Kriegsgeschäftsjahrs nachträglich in die Sonderrücklage zu überführen sind. Stehen solche freiwillige Rückstellungen nicht zur Verfügung, so ist jedesmal der Mehrgewinn der folgenden Kriegsgeschäftsjahre (des zweiten und dritten Kriegsgeschäftsjahrs) vorweg um die Hälfte des Mehrgewinns des abgelaufenen (ersten) Kriegsgeschäftsjahrs zu kürzen, so daß also beim Abschluß des zweiten und dritten Kriegsgeschäftsjahrs je die Hälfte des Mehrgewinns des ersten Kriegsgeschäftsjahrs und die Hälfte des dann noch verbleibenden Mehrgewinns des zweiten und dritten Kriegsgeschäftsjahrs der Sonderrücklage zuzuführen ist. Sind für das erste Kriegsgeschäftsjahr freiwillige Rückstellungen in einem geringeren Betrag als 50 vom Hundert des Mehrgewinns dieses Geschäftsjahrs gemacht, so sind die freiwilligen Rückstellungen in die Sonderrücklage zu überführen; daneben ist aber der Mehrgewinn des zweiten und dritten Kriegsgeschäftsjahrs noch je um den Betrag zu kürzen, um den die freiwilligen Rückstellungen hinter der Hälfte des Mehrgewinns des ersten Kriegsgeschäftsjahrs zurückbleiben. Dadurch, daß nicht der Geschäftsgewinn des zweiten Kriegsgeschäftsjahrs als solcher, sondern nur je der Mehrgewinn des zweiten und dritten Kriegsgeschäftsjahrs zu kürzen ist, wird erreicht, daß jedenfalls nur der neue Mehrgewinn — dieser unter Umständen allerdings ganz — in Anspruch genommen wird, dagegen aber der ganze Geschäftsgewinn bis zur Höhe des früheren durchschnittlichen Gewinns (§ 5 des Entwurfs) unangetastet zur freien Verfügung der Gesellschaft verbleibt. Der Rückgriff auf das erste Kriegsgeschäftsjahr hält sich somit in durchaus erträglichen Grenzen. Anderseits ist es gerechtfertigt, die Kürzung nicht bloß beim zweiten, sondern auch beim dritten Kriegsgeschäftsjahr vorzunehmen, da ohne die Kürzung die Hälfte des ungeschmälerten Mehrgewinns des zweiten und dritten Kriegsgeschäftsjahrs in die Sonderrücklage einzustellen wäre, infolge der Kürzung aber neben den vorweg zu nehmenden Beträgen nur die Hälfte der um jene Beträge geschmälerten Mehrgewinne des zweiten und dritten Kriegsgeschäftsjahrs der Sonderrücklage zufließt. Nach der rein rechnerischen äußerlichen Aufmachung wird zwar unter Umständen der ganze Betrag des Mehrgewinns aus dem ersten Kriegsgeschäftsjahr nachträglich in die Rücklage eingestellt, dafür verringert sich aber der Anteil am Mehrgewinn (Restgewinn) des zweiten und dritten Kriegsgeschäftsjahrs um den entsprechenden Betrag, so daß die Sonderrücklage im Endergebnis stets nur je die Hälfte aller Mehrgewinne aus den Kriegsgeschäftsjahren enthalten kann.

V. Es würde unbillig sein, wenn bei der späteren Besteuerung der Kriegsgewinne ein Ausgleich für den etwaigen Mindergewinn eines Kriegsgeschäftsjahrs versagt würde. Es erscheint daher folgerichtig, diesen Ausgleich schon bei der Ansammlung der Sonderrücklage durchzuführen. Dies bezweckt die Vorschrift des § 8 Abs. 4 des Entwurfs.

Einige Beispiele werden die Bedeutung und die Tragweite des § 1 Abs. 2 und des § 8 Abs. 4 näher erläutern.

a) Eine Aktiengesellschaft, deren durchschnittlicher früherer Geschäftsgewinn 2 Millionen Mark beträgt, hat erzielt im Geschäftsjahr

1914 einen Geschäftsgewinn von 4 Millionen Mark, also einen Mehrgewinn von 2 Millionen Mark,

1915 einen Geschäftsgewinn von 6 Millionen Mark, also einen Mehrgewinn von 4 Millionen Mark,

1916 einen Geschäftsgewinn von 4 Millionen Mark, also einen Mehrgewinn von 2 Millionen Mark.

1. Nach § 1 Abs. 1 des Entwurfs sind in die Sonderrücklage einzustellen:

vom Mehrgewinn des Jahres	1914 ...	1 Million Mark,
" " " "	1915 ...	2 Millionen Mark,
" " " "	1916 ...	1 Million Mark,
	zusammen ...	4 Millionen Mark.

2. Hat die Gesellschaft aus dem Gewinn des Jahres 1914 freiwillige Rückstellungen in Höhe von 1 Million Mark oder darüber gemacht und den Rest verteilt, so sind für

1914 von den freiwilligen Rückstellungen in die Sonderrücklage zu überführen .... 1 Million Mark,
1915 vom Mehrgewinn in die Sonderrücklage einzustellen .... 2 Millionen Mark,
1916 vom Mehrgewinn in die Sonderrücklage einzustellen .... 1 Million Mark,

sind zusammen... 4 Millionen Mark.

3. Hat die Gesellschaft aus dem Gewinn des Jahres 1914 freiwillige Rückstellungen in Höhe von 0,50 Millionen Mark gemacht und den Rest verteilt, so sind für 1914 in die Sonderrücklage zu überführen die freiwilligen Rückstellungen in Höhe von .... 0,50 Millionen Mark,

in die Sonderrücklage einzustellen:

1915 α) der Fehlbetrag aus 1914 in Höhe von .... 0,50 Millionen Mark,
β) von dem um α geminderten Mehrgewinn des Jahres 1915 die Hälfte mit $\frac{4-0,5}{2}$ = ... 1,75 „ „

1916 α) der Fehlbetrag aus 1914 in Höhe von .... 0,50 „ „
β) von den um α geminderten Mehrgewinn des Jahres 1916 die Hälfte mit $\frac{2-0,5}{2}$ = ... 0,75 „ „

sind zusammen... 4,00 Millionen Mark.

4. Hat die Gesellschaft den Gewinn des Jahres 1914 verteilt und keine freiwilligen Rückstellungen zur Verfügung, so sind in die Sonderrücklage einzustellen:

1915	α)	die Hälfte des Mehrgewinns aus 1914	1 Million Mark,
	β)	von dem um α geminderten Mehrgewinn des Jahres 1915 die Hälfte mit $\frac{4-1}{2}=$	1,5 Millionen Mark,
1916	α)	die Hälfte des Mehrgewinns aus 1914	1 Million Mark,
	β)	von dem um α geminderten Mehrgewinn des Jahres 1916 die Hälfte mit $\frac{2-1}{2}=$	0,5 Millionen Mark,
		sind zusammen . . .	4,0 Millionen Mark.

b) Eine Aktiengesellschaft, deren durchschnittlicher früherer Geschäftsgewinn 4 Millionen Mark beträgt, hat erzielt im Geschäftsjahr

1914 einen Geschäftsgewinn von 6 Millionen Mark, also einen Mehrgewinn von 2 Millionen Mark,

1915 einen Geschäftsgewinn von 5 Millionen Mark, also einen Mehrgewinn von 1 Million Mark,

1916 einen Geschäftsgewinn von 2 Millionen Mark, also einen Mindergewinn von 2 Millionen Mark.

Der Mehrgewinn der drei Kriegsgeschäftsjahre beträgt hiernach 2 Millionen Mark + 1 Million Mark — 2 Millionen Mark, somit im Gesamtergebnis 1 Million Mark. Nach § 8 Abs. 4 darf im dritten Jahr, das eine Minderung des Gesamtmehrgewinns von 3 Millionen auf 1 Million Mark bringt, der bis dahin angesammelten Sonderrücklage derjenige Betrag entnommen werden, um den diese die Hälfte des einschließlich des dritten Kriegsgeschäftsjahrs erzielten Gesamtmehrgewinns von 1 Million Mark, also den Betrag von 500 000 Mark, übersteigt.

1. Nach § 1 Abs. 1 des Entwurfs sind in die Sonderrücklage einzustellen:

vom Mehrgewinn des Jahres 1914 1,0 Million Mark,
" " " " 1915 0,5 Millionen "
zusammen ... 1,5 Millionen Mark.
1916 dürfen aus der Sonderrücklage entnommen werden .... 1,0 Millionen Mark,
so daß verbleiben ... 0,5 Millionen Mark.

2. Hat die Gesellschaft aus dem Gewinn des Jahres 1914 freiwillige Rückstellungen in Höhe von 1 Million Mark und darüber gemacht und den Rest verteilt, so sind für

1914 von den freiwilligen Rückstellungen in die Sonderrücklage zu überführen .... 1,0 Million Mark,
1915 vom Mehrgewinn in die Sonderrücklage einzustellen .... 0,5 Millionen Mark,
zusammen ... 1,5 Millionen Mark.
1916 dürfen aus der Sonderrücklage entnommen werden .... 1,0 Million Mark,
so daß verbleiben ... 0,5 Millionen Mark.

3. Hat die Gesellschaft aus dem Gewinn des Jahres 1914 freiwillige Rückstellungen von insgesamt 0,6 Millionen Mark gemacht und den Rest verteilt, so sind

für 1914 in die Sonderrücklage zu überführen die freiwilligen Rückstellungen in Höhe von .... 0,6 Millionen Mark,
in die Sonderrücklage einzustellen:
1915 α) der Fehlbetrag aus 1914 in Höhe von .... 0,4 " "

β) von dem um α geminderten Mehrgewinn des Jahres 1915 die Hälfte mit $\frac{1-0{,}4}{2}$ = ...	0,3 Millionen Mark
zusammen ...	1,3 Millionen Mark.
1916 dürfen aus der Sonderrücklage entnommen werden	0,8 " "
so daß verbleiben ...	0,5 Millionen Mark.

4. Hat die Gesellschaft den Gewinn des Jahres 1914 verteilt und keine freiwilligen Rückstellungen zur Verfügung, so sind in die Sonderrücklage einzustellen:

1915 α) die Hälfte des Mehrgewinns aus 1914	1,0 Million Mark,
β) Restgewinn	0 " "
zusammen ...	1,0 Million Mark.
1916 dürfen aus der Sonderrücklage entnommen werden	0,5 Millionen Mark,
so daß verbleiben ...	0,5 Millionen Mark.

VI. Eine weitere Härte, die mit dem Rückgriff auf ein Geschäftsjahr, über dessen Gewinne beim Inkrafttreten des Gesetzes bereits verfügt ist, verbunden sein kann, will die Vorschrift des § 1 Abs. 3 des Entwurfs beseitigen. Während für die Zukunft das Reich auf die ihm zustehenden Beträge zugunsten gemeinnütziger Zwecke nicht verzichten kann, erscheint es allerdings billig, den Teil des Geschäftsgewinns eines abgelaufenen Geschäftsjahrs, der ausschließlich gemeinnützigen Zwecken zugeführt worden ist, für die nunmehr vorgeschriebene Ansammlung einer Sonderrücklage und für die spätere Besteuerung auszuscheiden.

Zu § 2 des Entwurfs.

§ 2 des Entwurfs schreibt vor, welche Geschäftsjahre als Kriegsgeschäftsjahre zu gelten haben. Der Aufbau der Kriegsgewinnsteuer (Kriegsvermögenszuwachssteuer) auf der Besitzsteuer hat für natürliche Personen die Erfassung des innerhalb dreier Jahre entstandenen Vermögenszuwachses zur Folge. Es werden daher auch bei juristischen Personen die Gewinne dreier Jahre für die Kriegsgewinnbesteuerung zu berücksichtigen sein. Es bedarf aber wohl keiner weiteren Begründung, daß die Gewinnermittlung auf die Geschäftsjahre abzustellen ist; vgl. auch § 11 des Wehrbeitraggesetzes. Nach dem Entwurf soll als erstes Kriegsgeschäftsjahr das Geschäftsjahr gelten, das noch mindestens den Monat Oktober*) 1914 umfaßt. Wenn auch teilweise gerade in den ersten Monaten des Krieges große Gewinne gemacht worden sind, so ist nach den bisher bekannt gewordenen Abschlüssen doch kaum anzunehmen, daß dies auch für die verhältnismäßig wenigen Gesellschaften zutrifft, deren Geschäftsjahr am 31. August oder am 30. September endet. Auf der andern Seite ist durch die vorgeschlagene Regelung erreicht, daß voraussichtlich für alle Gesellschaften nur ein einziges Kriegsgeschäftsjahr in Frage kommt, über dessen Gewinne bereits verfügt ist; vgl. Nr. IV der Begründung zu § 1 des Entwurfs. Nach dem Entwurf kommen als Kriegsgeschäftsjahre in Betracht:

wenn das Geschäftsjahr mit dem 31. Oktober endet, die Geschäftsjahre 1. November 1913/31. Oktober 1916;

wenn das Geschäftsjahr mit dem 30. November endet, die Geschäftsjahre 1. Dezember 1913/30. November 1916;

wenn das Geschäftsjahr am 31. Dezember endet, die Geschäftsjahre 1. Januar 1914/31. Dezember 1916;

wenn das Geschäftsjahr am 31. März endet, die Geschäftsjahre 1. April 1914/31. März 1917;

wenn das Geschäftsjahr am 30. Juni endet, die Geschäftsjahre 1. Juli 1914/30. Juni 1917;

wenn das Geschäftsjahr am 30. September endet, die Geschäftsjahre 1. Oktober 1914/30. September 1917.

Die Worte „oder umfassen würde, wenn eine erst später gegründete Gesellschaft schon früher bestanden hätte"**) bedeuten, daß

*) im Gesetz geändert in „August 1914".
**) im Gesetz stilistisch ein wenig geändert.

auch bei neugegründeten Gesellschaften zunächst für die Frage, welche Jahre als Kriegsgeschäftsjahre in Betracht kommen, von dem satzungsmäßigen Geschäftsjahr auszugehen ist. Das letzte Kriegsgeschäftsjahr einer solchen Gesellschaft ist dasjenige Geschäftsjahr, das als drittes Kriegsgeschäftsjahr anzusehen wäre, wenn ein längeres Bestehen mit dem gleichen satzungsmäßigen Geschäftsjahr unterstellt wird. Ist z. B. eine Gesellschaft im Dezember 1914 gegründet worden, so endet das letzte Kriegsgeschäftsjahr am 31. Dezember 1916, wenn ihr Geschäftsjahr mit dem Kalenderjahr zusammenfällt, dagegen am 30. Juni 1917, wenn ihr Geschäftsjahr vom 1. Juli bis 30. Juni läuft.

Abgesehen von neugegründeten Gesellschaften, kommen stets drei volle Jahre für die Ansammlung der Sonderrücklage und damit für die spätere Kriegsgewinnbesteuerung in Betracht.

Zu § 3 des Entwurfs.

§ 3 des Entwurfs enthält die Vorschriften über die Ermittlung des Geschäftsgewinns. Zur Feststellung des Mehrgewinns (§ 4 des Entwurfs) bedarf es der Ermittlung des in den Kriegsgeschäftsjahren (§ 3 des Entwurfs) erzielten Geschäftsgewinns und des in den drei den Kriegsgeschäftsjahren vorangegangenen Geschäftsjahren (§ 5 des Entwurfs) erzielten Geschäftsgewinns. Als Geschäftsgewinn gilt der in einem Geschäftsjahr erzielte Reinertrag, der nach den Grundsätzen zu berechnen ist, wie solche für die Aufstellung des Inventars und der Bilanz gesetzlich vorgeschrieben sind und sonst dem Gebrauch eines ordentlichen Kaufmanns entsprechen.

Da die Einkommensbesteuerung der Gesellschaften in den Bundesstaaten zum Teil nach verschiedenen Grundsätzen erfolgt (Überschußbesteuerung, Reingewinnbesteuerung), so deckt sich, abgesehen von der Durchschnittsberechnung, der Reinertrag im Sinne des Gesetzes nicht ohne weiteres mit dem steuerpflichtigen Einkommen. Eine Bilanzvorschrift im handelsrechtlichen Sinne enthält § 3 des Entwurfs nicht. Durch die wichtige Vorschrift des Satzes 2 sollen aber, was im Interesse einer späteren gerechten und gleichmäßigen Kriegsgewinnbesteuerung unbedingtes Erfordernis ist, auch die sogenannten stillen Reserven getroffen werden. Insbesondere unterliegt der späteren Nachprüfung der Veranlagungsbehörden, ob die gemachten Abschreibungen lediglich einen angemessenen Ausgleich für eingetretene Wertminderungen darstellen oder inwieweit sie darüber hinaus als steuerpflichtige stille Reserven anzusehen sind, ob also auch dementsprechend die Sonderrücklage in ausreichender Höhe gebildet worden ist. Bereits ergangene Entscheidungen der Steuerbehörden darüber, inwieweit vorgenommene Abschreibungen als stille Reserven anzusehen sind, werden die verantwortlichen Leiter der pflichtigen Gesellschaften zu beachten haben, wollen sie sich nicht den aus § 9 des Entwurfs drohenden Nachteilen aussetzen.

Zu § 5 des Entwurfs.

Es erscheint billig, daß bei bisher notleidenden Gesellschaften der tatsächliche Mehrgewinn nur insoweit in Anspruch genommen wird, als er über einen Mindestbetrag hinausgeht, der eine angemessene Verzinsung des investierten Kapitals ermöglicht. Als angemessene Verzinsung wird der Durchschnittssatz von 5 vom Hundert des eingezahlten Grund- oder Stammkapitals gelten können. Nur Vorzugsaktien sollen darüber hinaus mit einem höheren Gewinnanteile berücksichtigt werden. Doch kommt hierbei nur eine festbestimmte Vorrechtsdividende, nicht etwa auch der weitere Anteil am Gewinn in Betracht, mit dem sie über die feste Vorrechtsdividende hinaus am verbleibenden Restgewinne zusammen mit den Stammaktien beteiligt sind. In diesem Umfang erscheint eine Berücksichtigung der Vorzugsaktien gerechtfertigt, da sie wirtschaftlich den von Gesellschaften ausgegebenen festverzinslichen Schuldverschreibungen nahestehen. Ist eine Herabsetzung des Grund- oder Stammkapitals vorgenommen worden, so berechnet sich der Mindestgewinn von dem herabgesetzten Grund- oder Stammkapital.

Die Anwendung des § 5 Abs. 3 des Entwurfs setzt voraus, daß bei der Gesellschaft mindestens der Abschluß eines vollen Geschäftsjahrs vor den Kriegsgeschäftsjahren vorliegt und daß der tatsächliche Gewinn den hier bestimmten Mindestbetrag nicht erreicht.

Abs. 4 regelt dagegen die Fälle, in denen ein volles Geschäftsjahr vor den Kriegsgeschäftsjahren nicht vorliegt. In diesen Fällen, nicht auch im Falle des Abs. 3, erscheint es billig, wenn ein etwaiger höherer Ausgabekurs berücksichtigt wird.

In welcher Weise Vermehrungen des eingezahlten Grund- oder Stammkapitals bei der Festsetzung des durchschnittlichen früheren Geschäftsgewinns berücksichtigt werden sollen, ist im Abs. 2 und im Abs. 5 geregelt. Abs. 2 bezieht sich auf die in den drei*) den Kriegsgeschäftsjahren vorangegangenen Geschäftsjahren erfolgten Kapitalvermehrungen, Abs. 5 dagegen auf die Kapitalvermehrungen innerhalb der Kriegsgeschäftsjahre. Der Ausdruck „Vermehrung des eingezahlten Grund- oder Stammkapitals" umfaßt sowohl die Erhöhung des Grund- oder Stammkapitals im handelsrechtlichen Sinne als auch die weitere Einzahlung auf das (bisher nicht volleingezahlte) Grund- oder Stammkapital. Die Berücksichtigung eines etwaigen höheren Ausgabekurses rechtfertigt sich in diesen Fällen aus den gleichen Billigkeitserwägungen wie im Falle des Abs. 4.

Zu § 6 des Entwurfs.

Da die Feststellung des auf eine inländische Niederlassung entfallenden Anteils am Geschäftsgewinn einer ausländischen Gesellschaft erheblichen Schwierigkeiten begegnet, erscheint es zweckmäßig, für die Berechnung des Mehrgewinns die staatlichen Einkommensteuerveranlagungen unmittelbar zu verwerten und den Erlaß entsprechender Vorschriften dort vorzusehen, wo eine Einkommensteuer nicht eingeführt ist.

Ferner ist es geboten, die Vorsteher inländischer Niederlassungen ausländischer Gesellschaften für die Erfüllung der durch dieses Gesetz begründeten Verpflichtungen verantwortlich zu machen und ihnen daher auch die entsprechenden Vollmachten durch das Gesetz zu übertragen.

Zu § 8 des Entwurfs.

Die Zweckbestimmung der Sonderrücklage erfordert deren gesonderte Verwaltung und ihre Anlegung in sicheren, leicht reali-

*) im Gesetz geändert in „fünf".

sierbaren Werten. Es ist in Aussicht genommen, daß für die Entrichtung der Kriegsgewinnsteuer die Kriegsanleihen des Deutschen Reichs in Zahlung gegeben werden dürfen.

Zu § 9 des Entwurfs.

Die im § 9 des Entwurfs angedrohten Nachteile beziehen sich nur auf die vorbereitenden Maßnahmen. Schon jetzt darf bemerkt werden, daß wegen Hinterziehung der Kriegsgewinnsteuer selbst sehr schwere Strafandrohungen in Aussicht genommen sind.

Zum besseren Verständnis des Gesetzes geben wir hier aus der allgemeinen Erörterung der

Kommission für den Reichshaushaltsetat

(Reichst.-Drucks. II. Session 1914/15 Nr. 175)

noch das Folgende wieder:

Die Kommission beschloß in der Sitzung vom 1. Dezember 1915, über den Gesetzentwurf in zwei Lesungen zu verhandeln und schriftlichen Bericht zu erstatten.

Ein Abgeordneter führte aus, der Entwurf und seine Begründung enthielten die Grundlagen und die vorbereitenden Maßnahmen zur Besteuerung der Kriegsgewinne. Hieraus werde sich der Umfang der Folgen ergeben, die durch dieses Gesetz ausgelöst werden sollen. Zur Besteuerung der Kriegsgewinne solle an eine Besteuerung des Vermögenszuwachses herangetreten werden. Es gebe freilich auch noch andere Wege. Er glaube aber, daß der in der Begründung des Entwurfs angedeutete Weg der richtige sei. Er sei auch damit einverstanden, daß der Vermögenszuwachs als solcher in unbeschränktem Umfange herangezogen werde. Es würde nicht möglich sein, die verschiedenen Quellen des Vermögenszuwachses steuerlich zu berücksichtigen.

Man müsse sich indes vergegenwärtigen, daß drei Arten des Vermögenszuwachses sachlich zu unterscheiden seien. Erstens ein Vermögenszuwachs, der während des Krieges eingetreten sei, aber nichts mit dem Kriege zu tun habe. Die zweite Art von Vermögenszuwachs sei der, welcher durch den Krieg in reeller Weise entstanden sei. Drittens käme die Gruppe der unlauteren Kriegsgewinne in Betracht. Für die Bemessung der Steuer seien natürlich die beiden ersten Gruppen maßgebend; die Gerechten dürften nicht unter den Ungerechten der dritten Gruppe leiden. Sie könnten nur unter dem Gesichtspunkt der gesteigerten Leistungsfähigkeit erfaßt werden. Er mache aber darauf aufmerksam, daß damit der Forderung, unreelle Kriegsgewinne schärfer heranzuziehen, nicht genügt werde. Er glaube nun allerdings auch nicht, daß mit einer auf der Grundlage des Entwurfs aufgebauten Steuer in dieser Richtung vorgegangen werden könne. Man werde bei der letzten Gruppe der Kriegsgewinne bis zu einer vollständigen Konfiskation schreiten müssen, aber auf dem Wege des Rechts, nicht der Steuer. Er mache diese Bemerkung, um Anträge nach dieser Richtung hin für später anzukündigen. Die gegenwärtige Gesetzgebung sei nicht ausreichend, darüber könne kein Zweifel bestehen. Man werde mit Notwendigkeit eine andere Gesetzgebung vorbereiten müssen.

Der Entwurf gehe über den Rahmen der bloßen Vorbereitung hinaus, indem er nicht nur die Sicherung für den späteren steuerlichen Zugriff, sondern auch die Berechnungsgrundlagen für die Steuer anordne. In der Tat wolle das Gesetz bereits den Umfang der Besteuerung festlegen und schon jetzt bei den einzelnen Gesellschaften die Berechnung der Steuer vornehmen lassen. Das sei aber durchaus keine einfache Sache. Der Begriff der stillen Reserven, wie er im § 3 des Gesetzes enthalten sei, gehöre zu den wichtigsten, aber auch zu den schwierigsten Fragen, die der Entwurf regle.

Seiner Ansicht nach können stille Reserven während des Krieges überhaupt nicht gesetzlich oder begrifflich allgemein bestimmt und abgegrenzt werden. Es sei doch eine allgemein bekannte Tatsache, daß z. B. für die Kriegsarbeit Fabriken haben Umbauten vornehmen müssen, die später wieder zu beseitigen sind, oder daß die Maschinen bei der fortwährenden Tag- und Nachtarbeit eine stärkere Abnutzung bei weniger umfangreichen Instandhaltungsarbeiten erfahren als im Frieden. Es kämen aber auch Dinge hinzu, die unter den Begriff der Wertverminderung überhaupt kaum fallen, z. B. Forderungen, Rohstoffe, Waren im Ausland. Der vorsichtige Direktor einer Gesellschaft werde hierfür sehr große Abschreibungen vornehmen lassen müssen. Er käme aber dadurch leicht in Schwierigkeiten gegenüber der Steuerbehörde. Er habe sich deshalb gefragt, ob es notwendig sei, diese Aufgabe im vorliegenden Gesetz zu lösen. Der hauptsächlichste Zweck sei doch die Verhütung der Ausschüttung der Gewinne. Bei den Reserven sei dieser Zweck bereits von selbst erreicht; sie seien ja aus dem laufenden Gewinn genommen und dienen der inneren Kräftigung der Gesellschaft. Durch ihre Hereinziehung in das Vorbereitungsgesetz können nur Schwierigkeiten und Unbilligkeiten entstehen. Er bitte deshalb den Staatssekretär des Reichsschatzamts um Aufklärung, ob es nicht eine durchführbare Vereinfachung des Gesetzes bedeute, wenn man die gebotene Rücksichtnahme auf die betroffenen Personen nehme und die Reserven aus dem Gesetzentwurf ausscheide. Das werde allerdings unter Umständen hier und da dazu führen, daß der Gewinn in geringerem Maße in Anspruch genommen werden könne. Aber das werde nicht so erheblich sein, wenn man die hierdurch beseitigten Schwierigkeiten in Gegenrechnung stelle. Wenn man einfach fünfzig vom Hundert des bilanzmäßigen Gewinns der Rücklage zuführen würde, so werde die Mindereinnahme an Steuern nicht erheblich sein.

Er betone nochmals, auch er wolle das Recht und die Möglichkeit, mit fester Hand zuzufassen, sichern. Der im Entwurf vorgeschlagene Weg scheine ihm aber mehr als notwendig schwierig zu sein.

Der Staatssekretär des Reichsschatzamts entgegnete: Er sei dem Abgeordneten dankbar dafür, daß er die grundsätzlichen Punkte, die dieser Vorlage zugrunde liegen, zur Diskussion gestellt habe. Über den ersten Punkt, die Allgemeinheit der Besteuerung, bestehe wohl keine

Meinungsverschiedenheit. Die Allgemeinheit der Besteuerung sei der einzige Ausweg, der gefunden worden sei zur Beseitigung der enormen steuertechnischen Schwierigkeiten, die einer Besteuerung der sogenannten Kriegsgewinne entgegenstehen. Man könne als Grundlage für die Besteuerung nicht dasjenige nehmen, was ja einem großen Teil der öffentlichen Meinung in der Regel vorschwebe: die sogenannten unreellen Kriegsgewinne. Soweit ein unreelles oder gar strafbares Verhalten vorliege, müßten andere Wege gefunden werden, und die Behörden seien dabei, die Wege zu prüfen, die zur Abstellung der Mißbräuche führen sollen. Aber es sei absolut unmöglich, daß die Steuerbehörde als solche feststelle, ob der Kriegsgewinn legitim oder nicht legitim sei. Daß er dringend wünsche, überall, wo es möglich sei, eine Abhilfe gegen unerlaubten, mißbräuchlichen Kriegsgewinn eintreten zu sehen, dürfe man ihm glauben; aber in diesem Steuergesetz sei es nicht möglich.

Was nun die beiden Kategorien der Gewinne anlange: diejenigen, die ohne Zusammenhang mit dem Kriege, und diejenigen, die direkt oder indirekt durch den Krieg erworben worden seien, so könne man auch diese beiden Kategorien nicht einwandfrei trennen. Darüber sei er mit dem Abgeordneten einig. Es bestehe aber auch eine moralische Berechtigung dafür, daß jeder, der in dieser schweren Zeit seine finanzielle Situation hat bessern können, auch entsprechende Opfer für den Staat bringe, und zwar derjenige, der nichts getan habe, als auf seinen Papieren zu sitzen, vielleicht noch in höherem Grade als derjenige, der für den Krieg gearbeitet habe. Der reelle deutsche Unternehmer in Landwirtschaft, Handel und Industrie, der für den Krieg gearbeitet habe, habe sich um das Vaterland die größten Verdienste erworben; diese private Initiative habe uns geholfen, den Krieg so erfolgreich zu organisieren. Deshalb habe er im Plenum des Reichstags so großen Nachdruck darauf gelegt, daß wir um Gottes willen keine Zuchtrute einführen, sondern die geleisteten Verdienste anerkennen wollen, wenn diese Verdienste sich auch zum Teil in privatrechtlichen Gewinn umgemünzt haben. Soweit solche Gewinne vorhanden seien, gelte der Satz: Obwohl du dir durch deine Arbeit Verdienste um den Staat erworben hast, so hast du dadurch doch auch deine Lage verbessert und kannst du deshalb einen entsprechenden Teil dieses durchaus legitimen Verdienstes angesichts der schweren Zeit an die Allgemeinheit abgeben.

Man könne also nicht unterscheiden, ob der Gewinn durch den Krieg oder während des Krieges oder trotz des Krieges erfolgt sei. In der Mehrzahl werde das moralische Verdienst bei demjenigen, der für den Krieg gearbeitet habe, höher sein als bei dem, der abseits stand. Darüber bestehe eine Übereinstimmung und er denke, daß auch die öffentliche Meinung sich zu dieser allein vernünftigen Auffassung bekehren lassen werde.

Die Frage der Abschreibungen bilde allerdings einen äußerst schwierigen Punkt, sobald man an die juristischen Personen herangehe. Im Zusammenhang mit ihr stehe die Frage der stillen Reserven. Bisher seien alle Versuche gescheitert, stille Reserven als solche restlos mit zur Besteuerung heranzuziehen, weil es für diesen Begriff kein gesetzlich feststellbares Kriterium gebe. Es bleibe da den Leitern der einzelnen Unternehmungen bei der Bilanzaufstellung überlassen, diese schweren und verantwortungsvollen Fragen nach bestem Ermessen und Gewissen zu lösen; bestimmte Normen der Gesetzgebung seien ausgeschlossen. Nun könne man ja aus dieser Tatsache die Schlußfolgerung des Abgeordneten ziehen. Aber auch das habe seine Schwierigkeiten, denn wenn wir auch keine Normen schaffen können, so wollen wir doch wenigstens gegenüber den Gesellschaften und den Gesellschaftsleitern den Grundsatz aufstellen, daß stille Reserven — die also nach ihrem Urteil und nach loyaler und kaufmännischer Erwägung solche sind — der Besteuerung unterliegen, soweit sie aus dem Gewinn der Kriegsjahre etwa gebildet werden. Es solle nicht aussehen, als ob hier nun beliebige Abschreibungen gemacht werden könnten und die Steuer dann nur den bilanzmäßigen Gewinn träfe.

Nun habe der Abgeordnete ganz gewiß darin recht, daß es im gegenwärtigen Stadium des Krieges besonders schwer zu beurteilen sei, was hier notwendig sei, und daß man durch den § 3 den einzelnen Geschäftsleitern die Gewissensfrage ganz erheblich erschwere. Nicht ganz ohne Absicht; man wolle eben, daß das Prinzip, auf das es hier ankommt, sich in jedem Kopf festsetze, der für die betreffenden Gesellschaften verantwortlich sei. Natürlich wäre es eine grausame Härte, wollte man an jeden Fall, in dem die Steuerbehörde den Umfang der notwendigen Abschreibungen anders beurteile als ein verantwortlicher Gesellschaftsleiter, schon Rechtsnachteile knüpfen. Die Strafbestimmungen des § 9 tragen den in der Sache liegenden Schwierigkeiten auch durchaus Rechnung. Danach sei der Begriff der Gefährdung der Steuererhebung ein notwendiger Bestandteil der Strafbarkeit. Wenn die Gesellschaftsleiter in den Bilanzen namentlich des ersten oder zweiten Kriegsgeschäftsjahrs eine weitergehende Minderbewertung für erforderlich halten, als die Steuerbehörden zuließen und als vielleicht auch die Beurteilung im dritten Kriegsgeschäftsjahr ergebe, in dem sich die Verhältnisse wohl besser übersehen ließen, so liege darin doch nicht schon ohne weiteres auch eine Gefährdung der Erhebung der Steuer. Angesichts dieser Milderung, die § 9 bringe, erscheinen die Besorgnisse des Abgeordneten doch wohl in weniger bedenklichem Licht. Deshalb möchte er bitten, es bei der Fassung des § 3 zu belassen.

. . . .

Auf die Ausführungen eines Abgeordneten über die Frage der Doppelbesteuerung, die Abschreibungen und die Strafbestimmungen, nahm der Staatssekretär des Reichsschatzamts Bezug auf seine in der Vollsitzung des Reichstags abgegebene Erklärung, daß, wenn nicht ganz unvorhergesehene Schwierigkeiten sich ergeben sollten, die Vorlegung des endgültigen Gesetzentwurfs gleichzeitig mit dem Reichswirtschaftsplan für das kommende Rechnungsjahr als sicher angesehen werden dürfe.

Im übrigen gehe aus der Aussprache klar hervor, welche besondere Schwierigkeiten die Regelung der Frage der Besteuerung der Kriegsgewinne bereite. Namentlich die Bearbeitung der Fragen, die mit der Behandlung der Gesellschaften in engem Zusammenhange stehen, verursache nicht geringes Kopfzerbrechen. Zweifellos sei neben der Frage der Behandlung der Abschreibungen die der Doppelbesteuerung wohl mit eine der schwierigsten. Soweit sich übersehen lasse, seien die deutschen Steuergesetze in ihrer überwiegenden Mehrheit allerdings schon zu einer Art gemilderter Doppelbesteuerung gekommen. So werde, um auf das Preußische Einkommensteuergesetz Bezug zu nehmen, bei den Aktiengesellschaften vorweg ein Gewinn von $3^1/_2$ Prozent des Grundkapitals abgesetzt. Das sei als eine zur Zeit des Erlasses des Gesetzes unter normalen Verhältnissen angemessene Rente anzusehen gewesen; erst dann setze die Doppelbesteuerung ein. Bei der Kriegsgewinnbesteuerung sei die Frage der Doppelbesteuerung besonders schwerwiegend, weil die Steuersätze, die aller Voraussicht nach gewählt werden dürften, sehr viel höher gingen, als sie der normalen Besteuerung entsprächen. England habe die Doppelbesteuerung in seinem Kriegsgewinnsteuergesetz bekanntlich vollständig ausgeschlossen. Soweit die physischen Personen in Betracht kämen, also z. B. die Aktionäre einer Gesellschaft, werde auch bei uns die Doppelbesteuerung zum Teil vollständig ausscheiden, wenn und insofern eine Verflüchtigung des Gewinns, d. h. eine Vermögensbildung in geringer, nicht steuerpflichtiger Höhe oder eine Kompensation mit Verlusten eingetreten sei. Es unterliege doch keinem Zweifel, daß bei einem Aktionär vielfach einer etwa bezogenen Mehrdividende auch Verluste gegenüberstünden, die er bei anderen Vermögenswerten erlitten habe. Wie im einzelnen hinsichtlich der Frage der Doppelbesteuerung verfahren werden solle, werde hauptsächlich davon abhängen, welche Gestaltung die Steuersätze erfahren. Einfach, wie in England, eine gleichmäßige Besteuerung von 50 v. H. festzusetzen, sei kaum zweckmäßig, sondern man werde eine Unterscheidung eintreten lassen müssen, wie hoch der eigentliche Mehrgewinn sei, und demgemäß wohl zu einer Staffelung gelangen. Auch in dem alleräußersten Fall, daß bei einer Aktiengesellschaft 50 v. H. des Mehrgewinns weggesteuert würden und dem Privaten nochmals 50 v. H. seiner Dividende genommen würden, trete ja keine vollständige Wegsteuerung ein. Der Gesellschafter habe nur die verteilte Hälfte des Gewinns zu versteuern und damit würde man erst zu einer Gesamtbesteuerung in Höhe von 75 v. H. kommen.

Auch bezüglich der sogenannten Schachtelgesellschaften dürften die Verhältnisse in vielen Fällen kaum wesentlich anders liegen als bei Privaten, die als Aktionäre, Anteilseigner oder Gesellschafter Gewinne bezögen. Dieses Schachtelsystem sei trotz der in gewissem Umfange bei uns bereits vorhandenen Doppelbesteuerung allerdings sehr stark ausgebaut; vielfach würden die betreffenden Gesellschaften infolge des Krieges vielleicht überhaupt keine Mehrgewinne aufzuweisen haben, da bei einzelnen Gesellschaften etwaigen Mehrgewinnen Verluste an anderen Unternehmungen entgegenstünden. So sei z. B. bei der Allgemeinen Elektrizitäts-Gesellschaft trotz sicherlich gesteigerter Erträgnisse aus einzelnen ihrer Unternehmungen der Gesamtgewinn zurückgegangen und die Dividende niedriger als in den Friedensjahren.

Was das Bedenken des Vorredners anlange, ob die bezüglich des § 9 des Gesetzes vorgetragene Auffassung auch von den Gerichten angenommen werden würde, so sei er, der Staatssekretär, geneigt, diese Frage zu bejahen. Das Erfordernis der Gefährdung sei ganz klar und ausdrücklich dahin ausgesprochen, daß nicht etwa jede objektiv unrichtige Einstellung in die Steuerbilanz in Frage komme, sondern nur eine solche Handlung, welche die Veranlagung oder Erhebung der Kriegsgewinnsteuer in Frage stelle. Diese Gefährdung müsse natürlich nachgewiesen werden, und ohne den Nachweis werde kein Richter ein Urteil aussprechen können. Damit sei aber noch keineswegs Straffreiheit festgestellt für ein Verfahren, das gegen das Gesetz verstoße, denn nach § 10 solle der Bundesrat ermächtigt werden, Ausführungsbestimmungen zu erlassen und Zuwiderhandlungen mit Geldstrafe zu bedrohen. Bei der Verhängung solcher Geldstrafen sei natürlich das Erfordernis der Gefährdung nicht notwendig; dagegen sollen die hohen Strafen des § 9 nur dann eintreten, wenn Veranlagung und Erhebung der Kriegsgewinnsteuer durch das Gebaren der für ihre Sicherstellung verantwortlichen Personen gefährdet würden.

. . . .

Im weiteren Verlauf der Debatte führte der Staatssekretär des Reichsschatzamts noch aus: Die Debatte zeige, daß es nützlich sei, auch einmal ein vorbereitendes Gesetz vorzulegen; denn der Gedankenaustausch schaffe größere Klarheit, auch der Reichsfinanzverwaltung, und die Ausgestaltung des definitiven Gesetzes werde erleichtert.

Was zunächst die Frage anbelange, ob die Staffelung lediglich nach der Größe der Gewinne oder auch nach der Art, wie der Gewinn erzielt worden ist, vorgenommen werden solle, so bestehen ja über die quantitative Staffelung keine Meinungsverschiedenheiten. Bei den juristischen Personen werde eine gewisse Modifikation des Prinzips insofern notwendig sein, als nicht die absolute Größe des Mehrgewinns entscheidend sein könne, man vielmehr an eine Staffelung werde denken müssen, die sich zu dem Kapital der betreffenden Gesellschaft in Beziehung setze. Die qualitative Staffelung sei ein Problem, das die Reichsfinanzverwaltung sehr beschäftigt habe. Hier komme wieder die moralische Grundlage in Frage, von der er gesprochen habe. Der Grundgedanke sei zweifellos berechtigt, aber es sei nicht gelungen, einen Weg zu finden, der ihn gesetzlich zum Ausdruck bringe.....

Er komme zu den gemeinnützigen Ausgaben. Wir stehen vor der Tatsache, daß eine große Anzahl Unternehmungen das durchaus anerkennenswerte Bestreben gehabt haben, von ihren Kriegsgewinnen, noch ehe von diesem Gesetz die Rede war, einen Teil der Allgemeinheit zugute kommen zu lassen. Wenn nun eine Gesellschaft einen Teil ihrer Gewinne der Allgemeinheit zugewendet habe, solle dieser Gewinn mit hineingerechnet und zu 50 v. H. der Reserve überwiesen werden müssen? Das wäre eine Unbilligkeit. Durch die Gesetzesbestimmung wisse nun in Zukunft jedermann, daß er so und soviele Reserve zurückzustellen habe. Wenn trotzdem jemand das, was ihm zur freien Verfügung verbleibe, ganz oder teilweise für gemeinnützige Zwecke opfern wolle, so sei das sein gutes Recht. Aber er sei sich dann klar darüber, was für die Aktionäre noch verbleibt.

Er komme jetzt zu dem wichtigsten Punkt, zu der Anregung, die ganze Grundlage des Gesetzes zu ändern und zu einer einfachen und radikalen Lösung der Frage zu kommen, indem man erklärt, das Maximum, das als Dividende ausgeschüttet werden kann, ist der Durchschnitt der drei letzten Jahre.

Er möchte dringend bitten, auf dieser Anregung nicht zu bestehen, sondern auf dem Boden der Vorlage zu bleiben. Dieser Eingriff wäre doch sehr radikal und müßte zu den größten Bedenken Anlaß geben. Man könne über Gewinne vom moralischen oder philosophischen Standpunkt urteilen, wie man wolle, aber sie seien eine treibende Kraft, die wir im Interesse des Reichs erhalten müssen. Er wolle gar kein sittliches Werturteil abgeben, sondern nehme die Dinge einfach, wie sie liegen. Es würde wirklich große Verwirrung in alle Verhältnisse hineingetragen werden, wenn man so weit gehen wollte. Was die verbündeten Regierungen vorgeschlagen haben, sei gewiß nicht ideal, wie leider das meiste, was in der Welt praktisch verwirklicht werden könne, aber es sei doch dasjenige, was als Kompromiß zwischen den finanziellen Interessen des Reichs, dem moralischen Gesichtspunkte, der auch nicht vernachlässigt worden sei, und der Lebensmöglichkeit unserer Volkswirtschaft erscheine.

Es seien auch Zweifel geäußert worden, ob es praktisch sei, die Anlage der Reserven in bestimmten Papieren vorzuschreiben. Die meisten Gesellschaften, die Mehrgewinne erzielen konnten, haben heute schon einen großen Teil der Reserve in Kriegsanleihen angelegt. Die vorgeschlagene Maßnahme liege auch im Interesse der Gesellschaften. Die Zurückhaltung von 50 vom Hundert des Mehrgewinns sei ja nicht eine Substanzminderung für die Gesellschaft, sondern im Gegenteil werde die Gesellschaft gezwungen, einen großen Teil ihres Gewinnes als neue Substanz bei sich zu behalten. Das sei vernünftig, weil ja nach Friedensschluß alle Unternehmungen vor ganz besonders schwere Aufgaben gestellt sein werden. Er erinnere nur an die Schwierigkeiten der Rohstoffbeschaffung aus dem Auslande.

Er habe schon im August gesagt, daß bei Entrichtung der Kriegsgewinnsteuer die Reichskriegsanleihen an Zahlungsstatt angenommen werden sollen. Die Gesellschaften zahlen also in derjenigen Substanz, in der die Reserve angelegt worden ist. Wenn etwas übrig bleibe, so sei das für die Gesellschaften sehr erwünscht. Daß wir die Darlehnskassen noch erhebliche Zeit nach Friedensschluß werden aufrecht erhalten müssen, darüber bestehe wohl Einigkeit. Sie werden später noch mehr zu tun haben als jetzt. Die Darlehnskassen werden auch dann in ihren Beleihungen vorsichtig sein müssen. Die Papiere, die für sie am beleihbarsten sein werden, werden immer noch die Kriegsanleihe und die Schuldverschreibungen des Reichs und der Bundesstaaten sein. Auf diesem Wege der Beleihung also werden die Unternehmungen zu barem Gelde kommen können, wenn sie dessen besonders zu dem Rohstoffbezug bedürfen werden. Also auch nach dieser Richtung hin seien die Konsequenzen des Systems sehr genau überlegt worden und er möchte nochmals davor warnen, von diesem System abzugehen.

Was die Erfassung der Privatpersonen anlange —: ja, wenn ihm ein wirksames Mittel genannt werden könne, mit dem er diese davonfliegenden Schmetterlinge einfangen könne, so würde er sehr dankbar sein. Aber was solle man da heute machen? Die vorgeschlagene Veranlagung zu einem früheren Stichtage hindere niemanden, nach dem Auslande zu gehen.

. . . .

Die Ausführungen eines anderen Abgeordneten veranlaßten den Staatssekretär, noch einmal mit einigen Worten auf das Grundprinzip der Steuer zurückzukommen.

Er möchte vor allen Dingen feststellen, daß die Kriegsgewinnbesteuerung, wie sie ihm vorschwebe, in ihrem Umfange weiter gehe als die Kriegsgewinnbesteuerung, die bisher in irgend einem Staat angeregt oder durchgeführt worden sei. In England, Dänemark, Schweden, Norwegen, auch in Frankreich und in Italien werde überall nur der Mehrgewinn gegenüber den vergangenen Jahren besteuert. In bezug auf die juristischen Personen gingen wir mit dem Auslande konform; dagegen wollen wir bei den physischen Personen im künftigen Gesetz erheblich weiter gehen: wir wollen nicht nur den Mehrgewinn erfassen, sondern den Vermögenszuwachs schlechthin, einerlei, ob dieser Vermögenszuwachs durch den Mehrgewinn entstanden sei oder nicht. Der Vermögenszuwachs kann sogar durch einen Mindergewinn entstanden sein. Die meisten wohlhabenden Leute werden in ihrem Einkommen einen Rückgang erfahren und trotzdem zum Teil einen Vermögenszuwachs haben. Diesen Vermögenszuwachs werden wir trotz des Einkommensrückganges besteuern. Er glaube, daß dies ein richtiges Prinzip sei, und er lege Wert darauf, festzustellen, daß ein so weit gehendes Prinzip noch in keiner Kriegsgewinnbesteuerung, die in einem anderen Staate angeregt und durchgeführt worden sei, vorhanden sei.

Wenn man sich auf diese Grundlage stelle, dann müsse man die Stellung berücksichtigen, die dieses Gesetz im Rahmen des Ganzen habe. Die Aktiengesellschaften und andere Erwerbsgesellschaften wollen wir veranlassen, daß sie bis zur definitiven Feststellung der recht schwierigen und recht komplizierten Besteuerung einen doch immerhin sehr ansehnlichen Teil der von ihnen erzielten Mehrgewinne — und anderer Vermögenszuwachs ist bei den juristischen Personen ausgeschlossen — für die spätere Steuererhebung reservieren. Wir haben 50 Prozent vorgeschlagen. Außerdem unterliegen diese Gewinne der Staats- und Kommunaleinkommensteuer, der Gewerbesteuer, und wenn man das alles in Betracht ziehe, so werde man bei Sätzen, die noch gar nicht bis 50 Prozent bei der definitiven Steuer zu gehen brauchen, zu einer Belastung kommen, wo man sich wirklich nicht der Sorge entschlagen könne, ob dann unsere Gesellschaften noch lebensfähig und arbeitsfreudig bleiben.

Nun die Anregung, die Dividende auf die Durchschnittsdividende der Friedensjahre zu beschränken. Ein Vorredner habe von dem heiligen Erwerbsgeiste gesprochen. Der Erwerbsgeist sei keine heilige, sondern eine unheilige und materielle Sache, aber ein Agens, ein Movens, das wir im Frieden und erst recht in der Kriegszeit nicht entbehren können. Wenn die Menschen Engel wären, wäre es anders; aber da der Mensch nach seinem Vorteil handelt, müssen wir diese Vorteile auch einsetzen, wenn wir den Krieg gewinnen wollen. Er sehe ab von sittlichen Werturteilen und nehme die Welt, wie sie sei. Er bitte daher dringend, nicht so weit zu gehen und sich mit dem zu begnügen, was vorgeschlagen worden sei.

Wenn er zu dem, was er ausgeführt habe, noch ein Moment hinzufügen dürfe, das die 50 Prozent Reserve in einem schärferen Licht erscheinen lasse, so sei es der Hinweis, daß das erste Kriegsjahr das beste gewesen sei. Diese Gewinne seien zum großen Teil verteilt, wir nehmen nun die in dem ersten Kriegsjahr zurückgestellten Reserven herüber, und soweit sie nicht ausreichen, verlangen wir, daß von dem Mehrgewinn des zweiten oder dritten Kriegsjahres die Differenz gestellt wird. Einige Mitglieder der Kommission wollten nun noch weiter gehen als die Vorlage, die selbst davor nicht zurückschrecken, daß im zweiten Kriegsjahre nicht nur die Mehrgewinne, sondern vielleicht die ganzen Gewinne absorbiert würden. Er meine, der Entwurf gehe nach dieser Richtung so weit, als es nur irgendwie möglich sei. Gehe man weiter, so entstehe die Gefahr, daß die Belastung so groß werde, daß unsere Gesellschaften nicht mehr lebensfähig seien.

II.

Gesetz
über die Kriegsabgaben der Reichsbank.

Vom 24. Dezember 1915.

(Reichs-Gesetzbl. S. 840—841.)

Artikel 1.

Von dem Gewinne der Reichsbank für das Jahr 1915 wird vorweg ein Betrag von 100 Millionen Mark dem Reiche überwiesen.

Artikel 2.

§ 1. Die Reichsbank hat ferner aus den Gewinnen für die Jahre 1915 und 1916 je einen Betrag von 14,3 Millionen Mark an das Reich abzuführen.

§ 2. Soweit der für das Jahr 1915 und der für das Jahr 1916 nach Abzug der sämtlichen Ausgaben sich ergebende Reingewinn den durchschnittlichen Reingewinn der Jahre 1911, 1912 und 1913 übersteigt, fällt er je zu drei Vierteln an das Reich.

Die Verteilung des hiernach verbleibenden Gewinns regelt sich nach § 24 des Bankgesetzes in der Fassung des Gesetzes vom 1. Juni 1909 (Reichs-Gesetzbl. S. 515).

Artikel 3.

Die für die Jahre 1914, 1915 und 1916 von der Reichsbank als Reserve für zweifelhafte Forderungen bilanzmäßig zurückgestellten Beträge dürfen bis zum Schlusse des der Beendigung des Krieges folgenden Jahres nur zur Deckung von Verlusten verwendet werden.

Soweit sie bis zu diesem Zeitpunkt nicht Verwendung gefunden haben, werden sie nach Abzug desjenigen Betrages, den die Reichsbank bis zur Höhe von 6¼ Millionen Mark als Reserve für zweifelhafte Forderungen in die Bilanz des vorbezeichneten Jahres einstellt, zur Hälfte an das Reich abgeführt.

Über die andere Hälfte ist, soweit sie nicht bis zum 31. Dezember 1920 zur Deckung von Verlusten in Anspruch genommen sein wird, durch das nächste, zufolge § 41 des Bankgesetzes zu erlassende Gesetz endgültige Bestimmung zu treffen.

Artikel 4.

Die nach Artikel 2 § 2 an das Reich zu zahlenden und die im Artikel 3 bezeichneten Beträge sind der Kommunalbesteuerung nicht unterworfen.

Aus der amtlichen Begründung.

(Reichst.-Drucks. II. Session 1914/15 S. 3 f.).

Die besonderen Verhältnisse, unter denen sich der Geschäftsbetrieb der Reichsbank während des Krieges vollzieht, haben eine ganz außerordentliche Steigerung der Einnahmen mit sich gebracht und werden aller Voraussicht nach auch im kommenden Jahre eine gleiche Wirkung ausüben. Den dadurch bedingten hohen Reingewinn ungekürzt nach Maßgabe der Vorschriften im § 24 des Bankgesetzes zur Verteilung zu bringen, erscheint nicht angängig. Die volle Verteilung würde den Anteilseignern Dividenden in einer Höhe zuführen, auf die sie billigerweise keinen Anspruch haben, und ließe sich um so weniger rechtfertigen, als die großen Gewinnziffern überwiegend auf die starke Kreditentnahme von seiten des Reichs und auf die Befreiung der Reichsbank von der Notensteuer zurückzuführen sind. Es erscheint deshalb geboten, im Wege kriegssteuerlicher Maßnahmen eine angemessene Beteiligung der Reichsbank an den Kriegsausgaben herbeizuführen. Der Entwurf sucht dieses Ziel auf dreifache Weise zu erreichen, indem er der Reichsbank die Zahlung bestimmter Beträge an das Reich auferlegt, einen Teil des erzielten Reingewinns für das Reich vorweg in Anspruch nimmt und die als Reserve für zweifelhafte Forderungen während des Krieges zurückgelegten Beträge der Verfügung des Reichs unterstellt.

Durch die Gesamtheit dieser Vorschriften sollen die Kriegsabgaben der Reichsbank in einer den besonderen Verhältnissen der Reichsbank entsprechenden Weise erschöpfend geregelt werden. Selbstverständlich wird durch diese im Wege eines Sondergesetzes erfolgende Regelung jede anderweite steuerliche Heranziehung ähnlicher Art aus Anlaß des Krieges ausgeschlossen.

. . . .

Es folgen in drei Abschnitten Ausführungen über den Wegfall der Notensteuer während des Krieges, über die zahlenmäßige Ermittelung des Reingewinns der Reichsbank und über die Reserve für zweifelhafte Forderungen.

Dann heißt es weiter:

Die durch Artikel 1 bis 3 der Reichsbank zugunsten des Reichs auferlegten steuerlichen Abgaben sind öffentlich-rechtliche Abgaben und stellen sich hinsichtlich der kommunalen Besteuerung des Ertrags der Reichsbank als abzugsfähige Betriebsausgaben dar. Dies gilt nicht nur von den auf bestimmte Beträge lautenden, sondern auch von den in die Form eines Anteils am Reingewinne gekleideten Abgaben (Art. 2, § 2). Letzteres ist bereits hinsichtlich des dem Reiche nach § 24 des Bankgesetzes zustehenden Gewinnanteils, erhobenen Zweifeln gegenüber, durch mehrfache höchstrichterliche Entscheidungen für die Gemeinde-Einkommensteuer übereinstimmend festgestellt worden. Der gleiche Grundsatz findet im allgemeinen auch auf die kommunale Gewerbesteuer nach feststehender Verwaltungspraxis Anwendung. In einzelnen deutschen Staaten hat indessen die Landesgesetzgebung nach der ihr von den zuständigen Stellen gegebenen Auslegung den Gemeinden die

Möglichkeit eröffnet, auf dem Gebiete der Gewerbesteuer auch den dem Reiche zustehenden Gewinnanteil der Gemeindebesteuerung zu unterwerfen. Unter diesen Umständen läßt sich die Befürchtung nicht von der Hand weisen, daß der nach dem vorliegenden Gesetzentwurfe dem Reiche zu überweisende Anteil an dem Reingewinne durch Heranziehung zur kommunalen Besteuerung geschmälert werden könnte.

Der Reservefonds für zweifelhafte Forderungen unterliegt an sich nicht der kommunalen Besteuerung, weil er lediglich die Minderbewertung solcher Forderungen in angemessener Höhe zum Ausdruck bringt. Auch die für die Jahre 1914, 1915 und 1916 auf zweifelhafte Forderungen zurückgestellten Beträge können daher der Kommunalbesteuerung nicht unterworfen werden. Es ist indes mit der Möglichkeit zu rechnen, daß bei einer weiteren günstigen Entwickelung von diesen Rückstellungen erhebliche Teilbeträge zur Deckung von Verlusten nicht gebraucht, sondern zu anderweiter Verfügung nach Maßgabe des Artikel 3 frei werden. Es erscheint nicht ausgeschlossen, daß sich daraus für die Gemeinden ein Anreiz zu dem Versuch ergibt, diese Beträge der Kommunalbesteuerung dienstbar zu machen.

Die Heranziehung der an das Reich abzuführenden Anteile am Reingewinn (Art. 2, § 2) und der Rückstellungen auf zweifelhafte Forderungen (Art. 3) zur Kommunalsteuer würde — ganz ebenso wie eine Heranziehung der nach Artikel 1 und Artikel 2, § 1 zu entrichtenden festen Abgaben — auf eine mittelbare Besteuerung des Reichs hinauslaufen, und indem sie die dem Reiche gebührenden Gewinnbeträge verkürzt, mit dem Grundgedanken des Gesetzes nicht im Einklang stehen. Es erscheint deshalb geboten, eine Inanspruchnahme dieser Beträge zu Zwecken der kommunalen Besteuerung durch eine ausdrückliche Vorschrift, wie sie Artikel 4 vorsieht, zu verhindern.

Druck von Otto Walter, Berlin S 14.

FSC
www.fsc.org
MIX
Papier | Fördert gute Waldnutzung
FSC® C083411

Kolibri 360 GmbH
Ferdinand-Jühlke-Straße 7
99095 Erfurt, Deutschland
produktsicherheit@kolibri360.de